AF188111

Impressum
Verlag: BABADADA GmbH, Nedderfeld 112 , 22529 Hamburg
Geschäftsführer / Verlagsleitung: Harald Hof
Druck: Books on Demand GmbH, In de Tarpen 42, 22848 Norderstedt

Imprint
Publisher: BABADADA GmbH, Nedderfeld 112 , 22529 Hamburg, Germany
Managing Director / Publishing direction: Harald Hof
Print: Books on Demand GmbH, In de Tarpen 42, 22848 Norderstedt, Germany

mokykla

школа

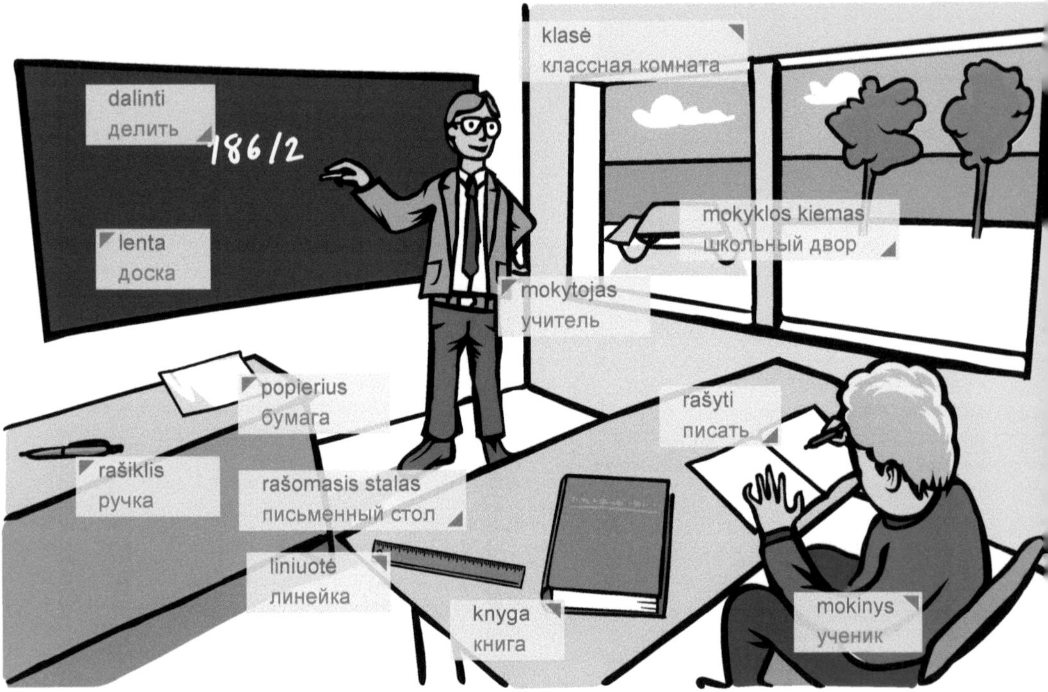
klasė
классная комната
dalinti
делить
186/2
lenta
доска
mokyklos kiemas
школьный двор
mokytojas
учитель
popierius
бумага
rašyti
писать
rašiklis
ручка
rašomasis stalas
письменный стол
liniuotė
линейка
knyga
книга
mokinys
ученик

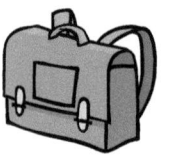

kuprinė

ранец

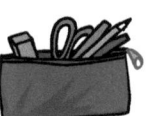

penalas

пенал

pieštukas

карандаш

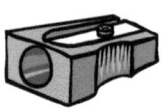

drožtukas

точилка

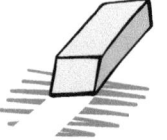

trintukas

ластик

piešimo bloknotas

альбом для рисования

piešinys

рисунок

teptukas

кисточка

dažų dėžutė

коробка красок

žirklės

ножницы

klijai

клей

vadovėlis

тетрадь

namų darbai

домашняя работа

numeris

цифра

pridėti

прибавлять

atimti

вычитать

dauginti

умножать

skaičiuoti

считать

raidė

буква

abėcėlė

алфавит

žodis

слово

tekstas

текст

skaityti

читать

kreida

мел

pamoka

урок

dienynas

классный журнал

egzaminas

экзамен

pažymėjimas

диплом

mokyklinė uniforma

школьная форма

išsilavinimas

образование

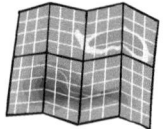

enciklopedija

энциклопедия

universitetas

университет

mikroskopas

микроскоп

žemėlapis

карта

šiukšliadėžė

корзина для бумаг

mokykla - школа

kelionė

путешествие

viešbutis
гостиница
Grand
svečių namai
турбаза
ROOMS
CHANGE
valiutos keitykla
пункт обмена валюты
lagaminas
чемодан
mašina
автомобиль

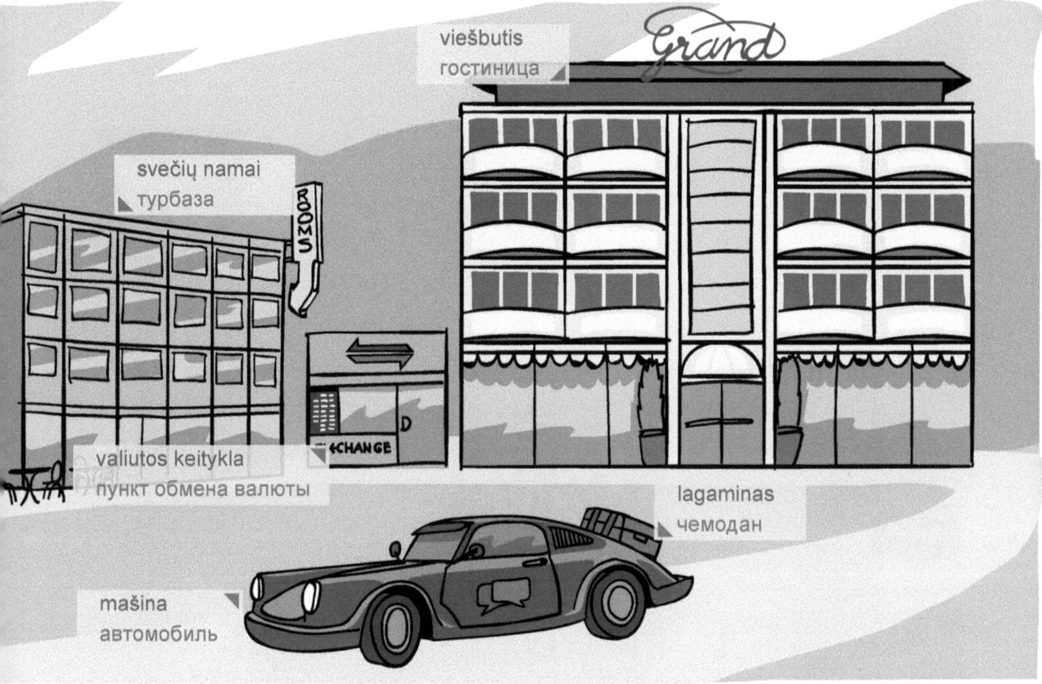

kalba

язык

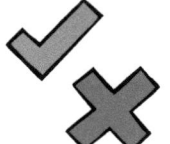

taip / ne

да / нет

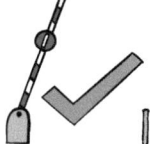

Gerai

хорошо

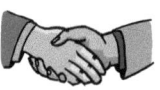

sveiki

Привет

vertėjas raštu

переводчик

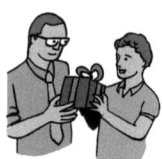

Ačiū

Спасибо

kiek kainuoja...?

Сколько стоит...?

aš nesuprantu

Я не понимаю

problema

проблема

Labas vakaras!

Добрый вечер!

Labas rytas!

Доброе утро!

Labos nakties!

Доброй ночи!

viso gero

До свидания

kryptis

направление

bagažas

багаж

krepšys

сумка

kuprinė

рюкзак

svečias

гость

kambarys

комната

miegmaišis

спальный мешок

palapinė

палатка

turizmo informacija

туристическая информация

paplūdimys

пляж

kreditinė kortelė

кредитная карточка

pusryčiai

завтрак

pietūs

обед

vakarienė

ужин

bilietas

билет

liftas

лифт

pašto ženklas

почтовая марка

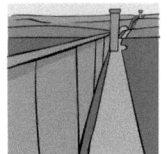

siena

граница

muitinė

таможня

ambasada

посольство

viza

виза

pasas

паспорт

transportas
транспорт

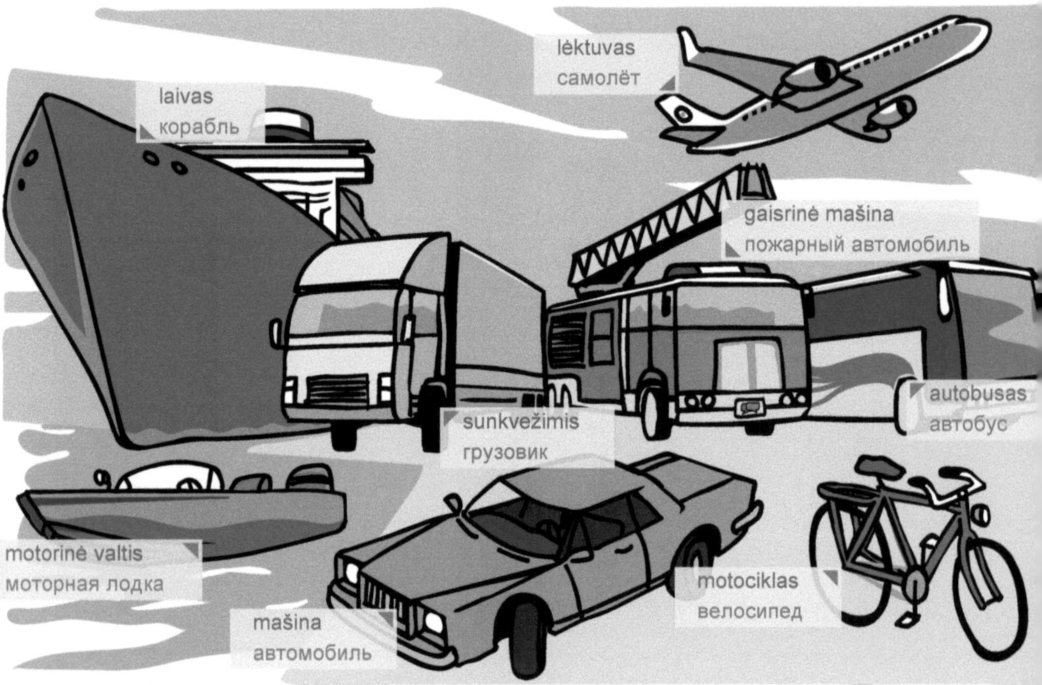

lėktuvas
самолёт
laivas
корабль
gaisrinė mašina
пожарный автомобиль
autobusas
автобус
sunkvežimis
грузовик
motorinė valtis
моторная лодка
motociklas
велосипед
mašina
автомобиль

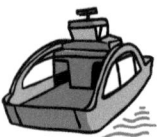

keltas

паром

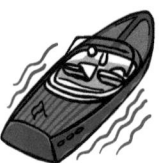

valtis

лодка

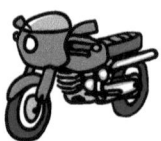

mopedas

мотоцикл

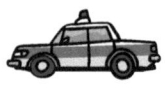

policijos automobilis

полицейский автомобиль

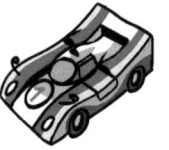

lenktyninis automobilis

гоночный автомобиль

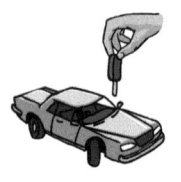

nuomojamas automobilis

арендованный автомобиль

bendras automobilio
naudojimas

совместное пользование
автомобилями

techninės pagalbos
automobilis

буксировочный
автомобиль

šiukšliavežė

мусоровоз

variklis

двигатель

degalai

топливо

degalinė

заправка

kelio ženklas

дорожный знак

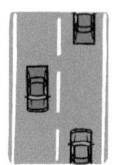

eismas

движение

eismo spūstis

пробка

mašinų stovėjimo aikštelė

автостоянка

traukinių stotis

вокзал

bėgiai

рельсы

traukinys

поезд

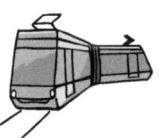

tramvajus

трамвай

vagonas

вагон

sraigtasparnis

вертолёт

oro uostas

аэропорт

bokštas

вышка

keleivis

пассажир

konteineris

контейнер

dėžė

коробка

vežimėlis

тележка

krepšys

корзина

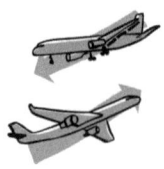

pakilti / nusileisti

взлетать / приземляться

miestas

город

kaimas

деревня

miesto centras

центр города

namas

дом

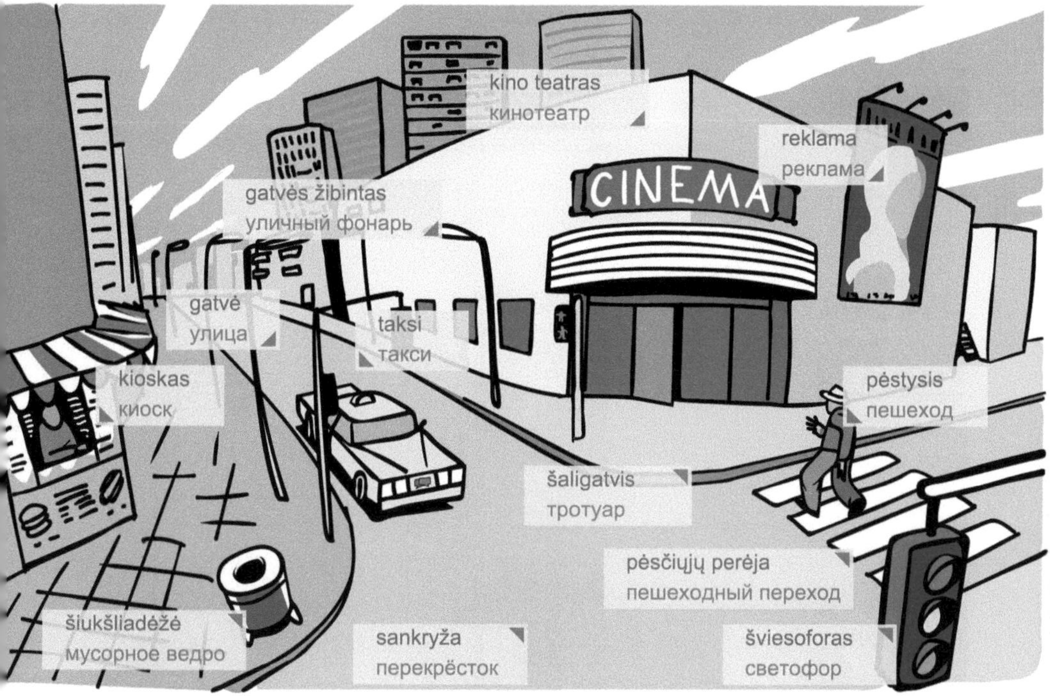
kino teatras
кинотеатр
CINEMA
reklama
реклама
gatvės žibintas
уличный фонарь
gatvė
улица
taksi
такси
kioskas
киоск
pėstysis
пешеход
šaligatvis
тротуар
pėsčiųjų perėja
пешеходный переход
šiukšliadėžė
мусорное ведро
sankryža
перекрёсток
šviesoforas
светофор

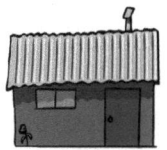

trobelė

хижина

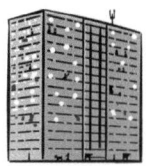

butas

квартира

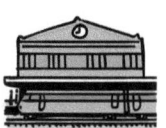

traukinių stotis

вокзал

rotušė

ратуша

MUSEUM

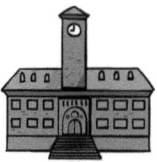

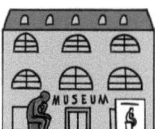

muziejus

музей

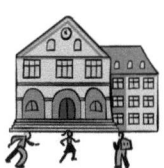

mokykla

школа

universitetas

университет

bankas

банк

ligoninė

больница

viešbutis

гостиница

vaistinė

аптека

biuras

офис

knygynas

книжный магазин

parduotuvė

магазин

gėlių parduotuvė

цветочный магазин

prekybos centras

супермаркет

turgus

рынок

universalinė parduotuvė

универмаг

žuvies parduotuvė

торговец рыбой

prekybos centras

торговый центр

uostas

порт

parkas

парк

suoliukas

скамейка

tiltas

мост

laiptai

лестница

metro

метро

tunelis

тоннель

autobusų stotelė

автобусная остановка

baras

бар

restoranas

ресторан

lauko pašto dėžutė

почтовый ящик

kelio ženklas

табличка с названием
улицы

parkomatas

паркометр

zoologijos sodas

зоопарк

baseinas

бассейн

mečetė

мечеть

ūkininko ūkis

ферма

tarša

загрязнение окружающей среды

kapinės

кладбище

bažnyčia

церковь

žaidimų aikštelė

детская площадка

šventykla

храм

kraštovaizdis
ландшафт

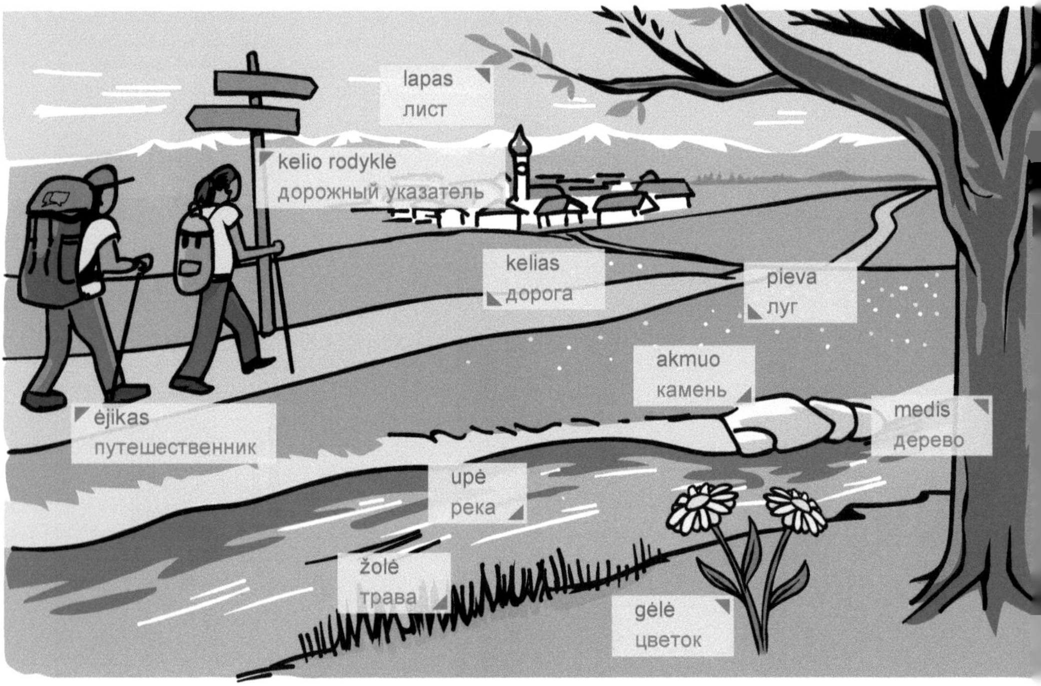

lapas
лист

kelio rodyklė
дорожный указатель

kelias
дорога

pieva
луг

akmuo
камень

medis
дерево

ėjikas
путешественник

upė
река

žolė
трава

gėlė
цветок

slėnis
долина

kalva
гора

ežeras
озеро

miškas
лес

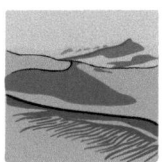

dykuma
пустыня

ugnikalnis
вулкан

pilis
замок

vaivorykštė
радуга

grybas
гриб

palmė
пальма

uodas
комар

musė
муха

skruzdėlė
муравей

bitė
пчела

voras
паук

vabalas

жук

varlė

лягушка

voverė

белка

ežys

еж

kiškis

заяц

pelėda

сова

paukštis

птица

gulbė

лебедь

šernas

кабан

elnias

олень

briedis

лось

užtvanka

плотина

vėjo jėgainė

ветряной генератор

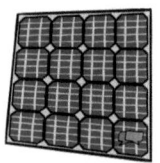

saulės baterija

солнечная батарея

klimatas

климат

restoranas
ресторан

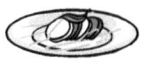

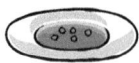

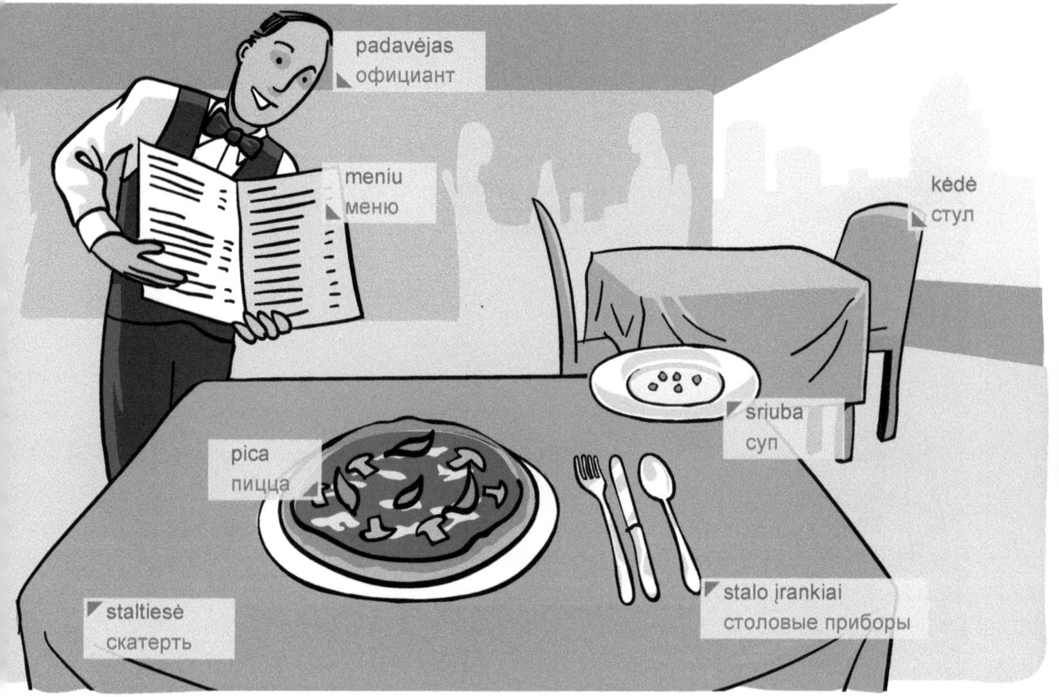
padavėjas
официант
meniu
меню
kėdė
стул
sriuba
суп
pica
пицца
stalo įrankiai
столовые приборы
staltiesė
скатерть

užkandis

закуска

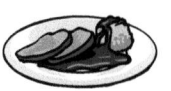

pagrindinis patiekalas

главное блюдо

desertas

десерт

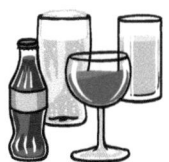

gėrimai

напитки

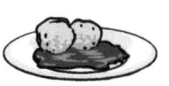

maistas

еда

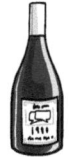

butelis

бутылка

greitai pateikiamas maistas

....

фастфуд

gatvės maistas

....

уличная еда

arbatinukas

....

чайник

cukrinė

....

сахарница

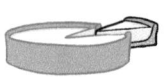

porcija

....

порция

espreso aparatas

....

кофеварка

aukšta kėdė

....

детский стульчик

sąskaita

....

счет

padėklas

....

поднос

peilis

....

нож

šakutė

....

вилка

šaukštas

....

ложка

arbatinis šaukštelis

....

чайная ложка

servetėlė

....

салфетка

stiklinė

....

стакан

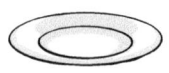

lėkštė

тарелка

sriubos lėkštė

суповая тарелка

padėklas

блюдце

padažas

соус

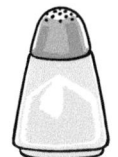

druskinė

солонка

pipirų malūnėlis

мельница для перца

actas

уксус

aliejus

масло

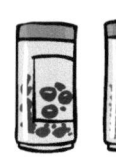

prieskoniai

специи

kečupas

кетчуп

garstyčios

горчица

majonezas

майонез

prekybos centras

супермаркет

specialus pasiūlymas
специальное предложение
FOR
pirkėjas
покупатель
pieno produktai
молочные продукты
vaisiai
фрукты
troleibusas
тележка для покупок

BUTCHERS

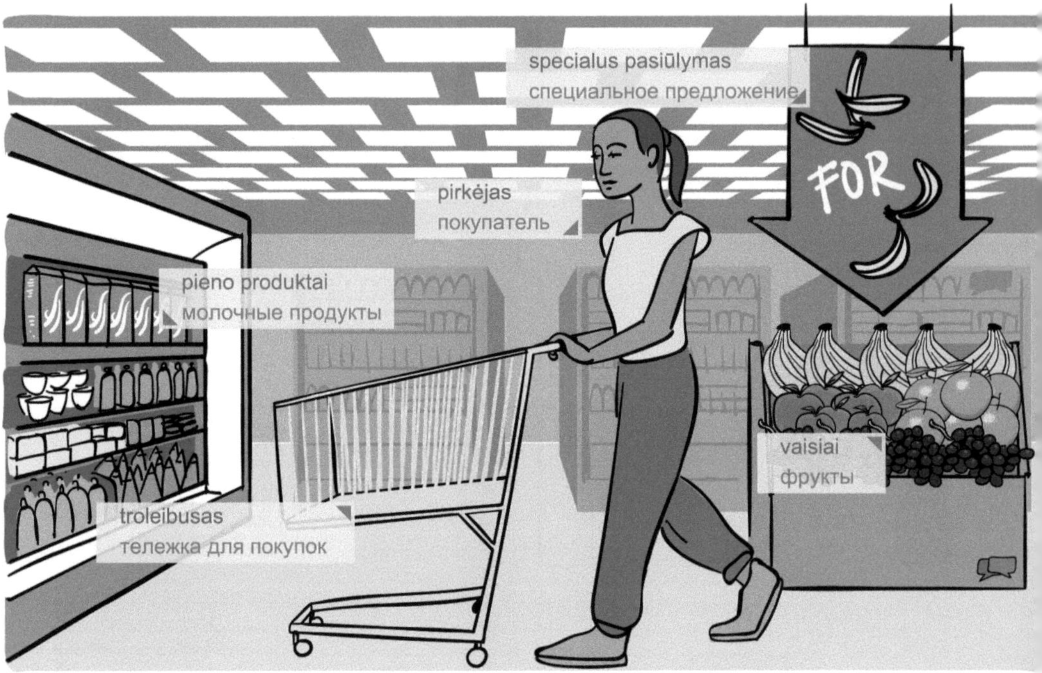

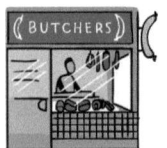

mėsos parduotuvė

мясной магазин

BAKERY

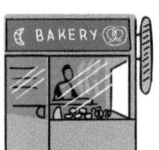

kepykla

пекарня

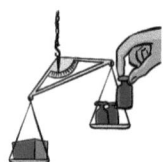

sverti

взвешивать

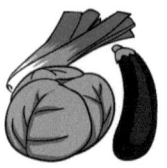

daržovės

овощи

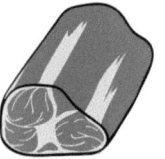

mėsa

мясо

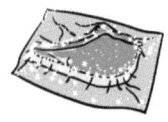

šaldytas maistas

быстрозамороженные продукты

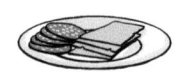

šalti mėsos užkandžiai

нарезка

konservai

консервы

skalbimo milteliai

стиральный порошок

saldumynai

сладости

ūkinės prekės

предмет домашнего
обихода

valymo priemonės

моющее средство

pardavėja

продавщица

kasos aparatas

касса

kasininkas

кассир

pirkinių sąrašas

список покупок

darbo valandos

время работы

piniginė

бумажник

kreditinė kortelė

кредитная карточка

maišelis

сумка

plastikinis maišelis

полиэтиленовый пакет

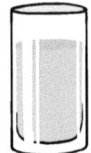

vanduo

вода

sultys

сок

pienas

молоко

kola

кока-кола

vynas

вино

alus

пиво

alkoholis

алкоголь

kakava

какао

arbata

чай

kava

кофе

espresas

эспрессо

kapučinas

капучино

bananas

банан

obuolys

яблоко

apelsinas

апельсин

arbūzas

арбуз

citrina

лимон

morka

морковь

česnakas

чеснок

bambukas

бамбук

svogūnas

лук

grybas

гриб

riešutai

орехи

makaronai

лапша

spagečiai

спагетти

ryžiai

рис

salotos

салат

traškučiai

картофель фри

keptos bulvės

жареный картофель

pica

пицца

mėsainis

гамбургер

sumuštinis

сэндвич

pjausnys

шницель

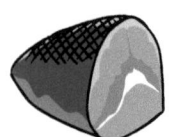

kumpis

ветчина

saliamis

салями

dešrelė

колбаса

vištiena

курица

kepsnys

жаркое

žuvis

рыба

avižų dribsniai

овсяные хлопья

dribsniai su priedais

мюсли

kukurūzų dribsniai

кукурузные хлопья

miltai

мука

prancūziškasis ragelis

круассан

bandelė

булочка

duona

хлеб

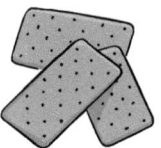

skrebutis

тост

sausainiai

печенье

sviestas

масло

varškė

творог

tortas

пирог

kiaušinis

яйцо

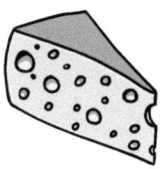

kiaušinienė

яичница

sūris

сыр

ledai

мороженое

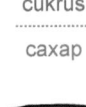

cukrus

сахар

medus

мёд

uogienė

мармелад

tepamas šokoladas

крем с нугой

karis

карри

ūkininko ūkis
ферма

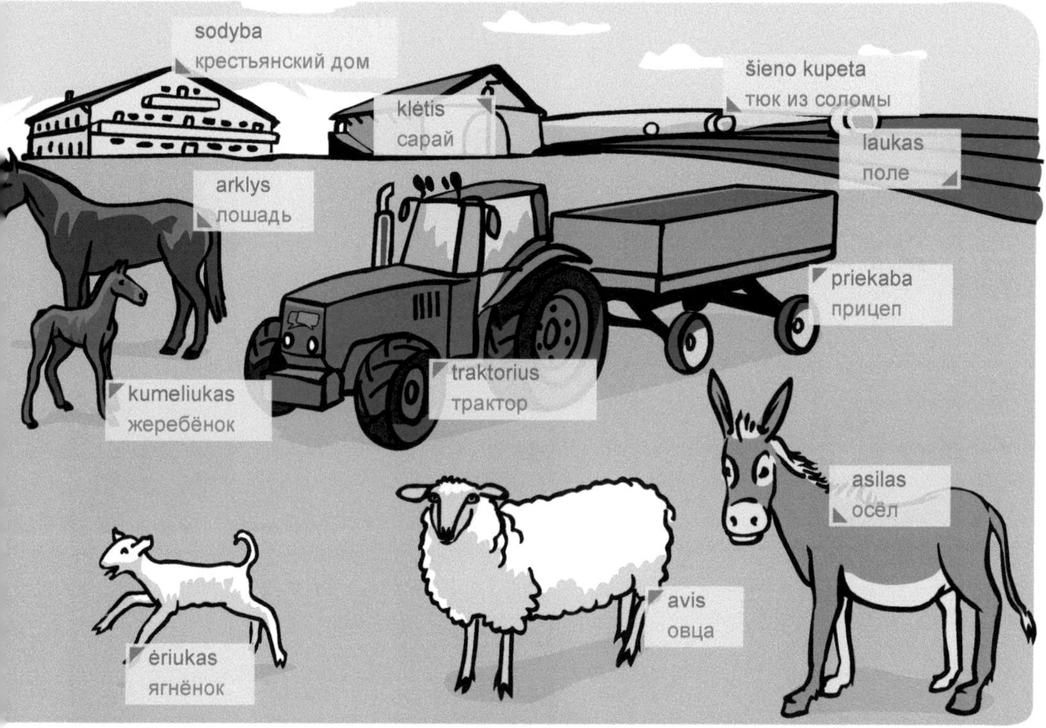

sodyba
крестьянский дом
šieno kupeta
тюк из соломы
klėtis
сарай
laukas
поле
arklys
лошадь
priekaba
прицеп
traktorius
трактор
kumeliukas
жеребёнок
asilas
осёл
avis
овца
ėriukas
ягнёнок

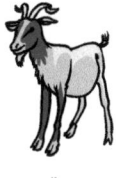

ožys
коза

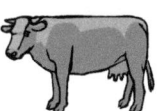

karvė
корова

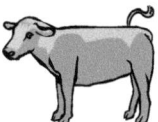

veršis
телёнок

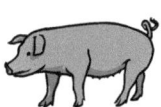

kiaulė
свинья

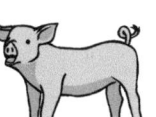

paršelis
поросёнок

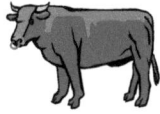

bulius
бык

žąsis
гусь

antis
утка

viščiukas
цыплёнок

višta
курица

gaidys
петух

žiurkė
крыса

katė
кошка

pelė
мышь

jautis
вол

šuo
собака

šuns būda
конура

sodo namas
садовый шланг

laistytuvas
лейка

dalgis
коса

plūgas
плуг

pjautuvas
серп

kauptukas
мотыга

šakės
навозные вилы

kirvis
топор

statinė
тачка

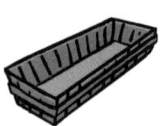

lovys
корыто

bidonas
бидон для молока

maišas
мешок

tvora
забор

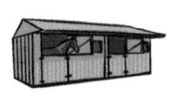

arklidė
хлев

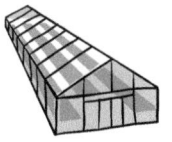

šiltnamis
теплица

dirva
почва

sėkla
посев

trąšos
удобрение

kombainas
комбайн

rinkti

собирать урожай

derlius

урожай

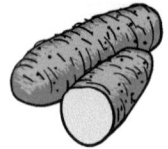

saldžiosios bulvės

ямс

kviečiai

пшеница

soja

соя

bulvė

картофель

kukurūzai

кукуруза

rapsai

рапс

vaismedis

фруктовое дерево

manijokas

маниок

grūdai

злаки

namas

дом

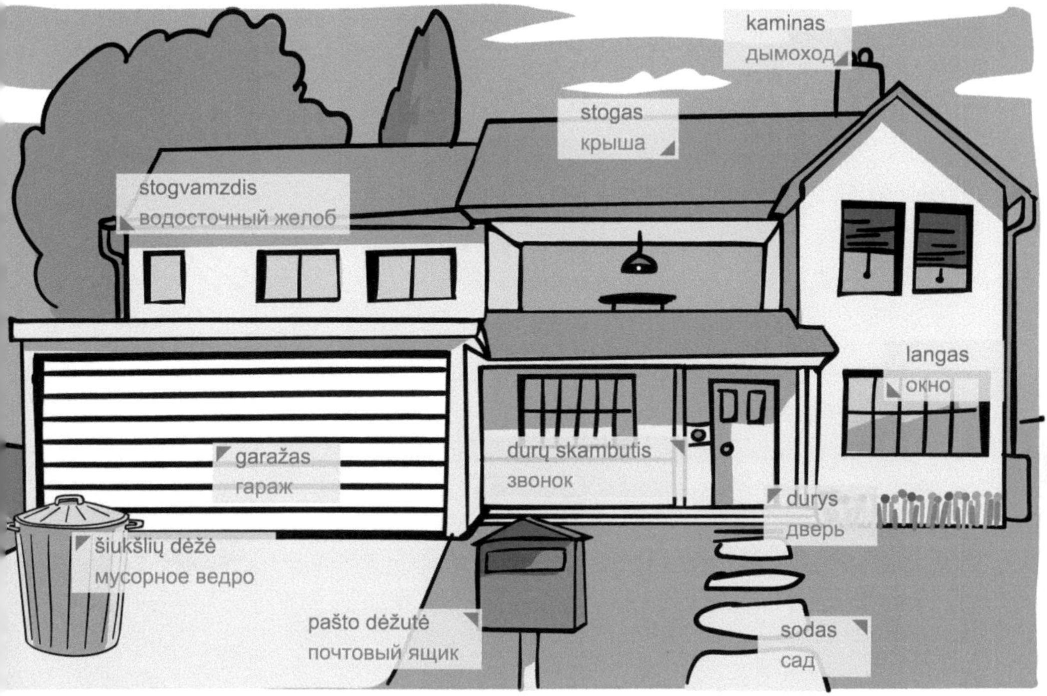

kaminas
дымоход
stogas
крыша
stogvamzdis
водосточный желоб
langas
окно
garažas
гараж
durų skambutis
звонок
durys
дверь
šiukšlių dėžė
мусорное ведро
pašto dėžutė
почтовый ящик
sodas
сад

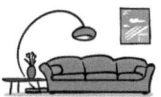

svetainė

гостиная

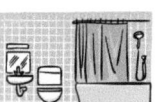

vonios kambarys

ванная комната

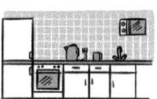

virtuvė

кухня

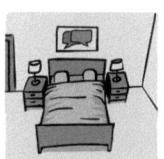

miegamasis

спальня

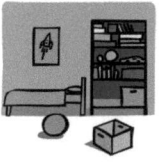

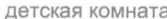

vaiko kambarys

детская комната

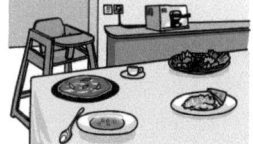

valgomasis

столовая

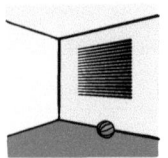

grindys

пол

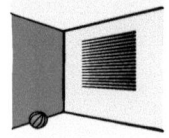

siena

стена

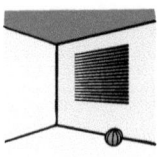

lubos

потолок

rūsys

подвал

sauna

сауна

balkonas

балкон

terasa

терраса

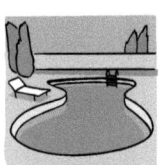

baseinas

бассейн

žoliapjovė

газонокосилка

paklodė

пододеяльник

lovatiesė

покрывало

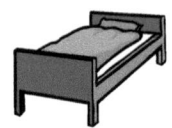

lova

кровать

šluota

метла

kibiras

ведро

jungiklis

выключатель

svetainė

гостиная

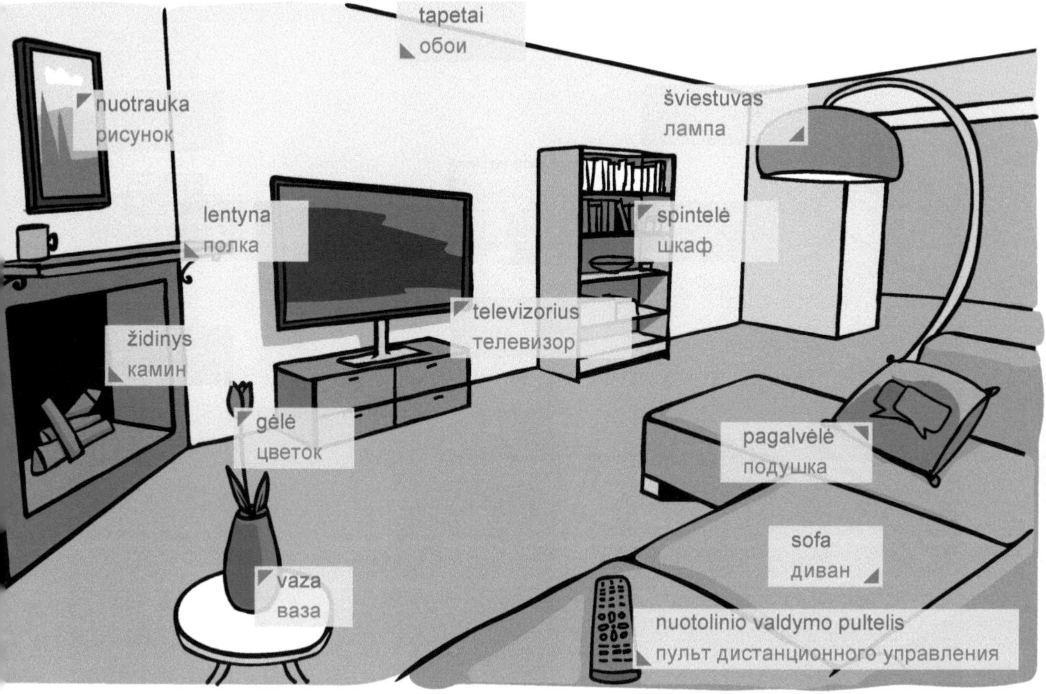
tapetai
обои
nuotrauka
рисунок
šviestuvas
лампа
lentyna
полка
spintelė
шкаф
televizorius
телевизор
židinys
камин
gėlė
цветок
pagalvėlė
подушка
sofa
диван
vaza
ваза
nuotolinio valdymo pultelis
пульт дистанционного управления

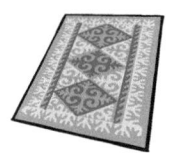

kilimas

ковёр

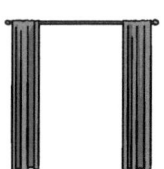

užuolaida

штора

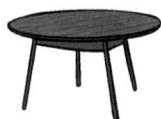

stalas

стол

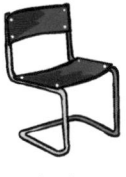

kėdė

стул

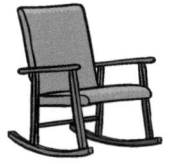

supamasis krėslas

кресло-качалка

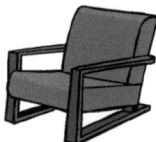

fotelis

кресло

knyga

книга

filmas

фильм

papuošimai

украшение

antklodė

покрывало

filmas

фильм

stereo aparatūra

стереосистема

malkos

дрова

laikraštis

газета

paveikslas

картина

raktas

ключ

radijas

радио

užrašų knygelė

блокнот

plakatas

плакат

kaktusas

кактус

žvakė

свеча

virtuvė

кухня

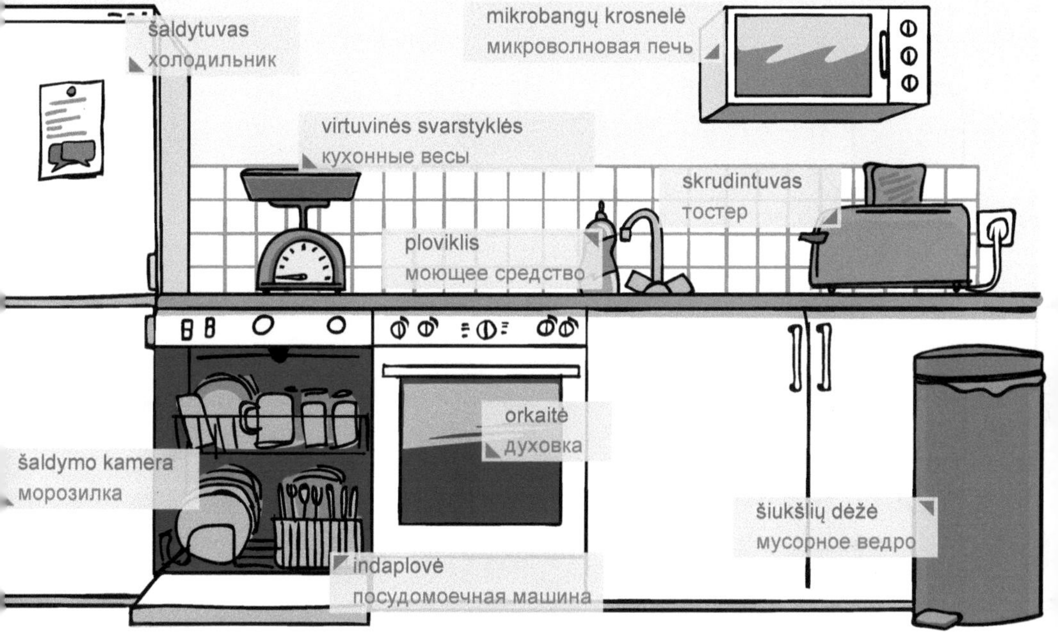
šaldytuvas
холодильник
mikrobangų krosnelė
микроволновая печь
virtuvinės svarstyklės
кухонные весы
skrudintuvas
тостер
ploviklis
моющее средство
orkaitė
духовка
šaldymo kamera
морозилка
šiukšlių dėžė
мусорное ведро
indaplovė
посудомоечная машина

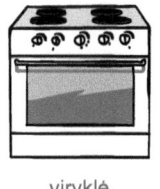

viryklė

плита

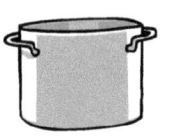

puodas

кастрюля

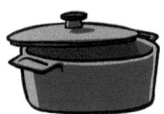

ketaus puodas

чугунный котелок

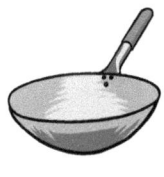

„wok“ keptuvė

вок / кадай

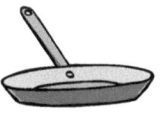

keptuvė

сковорода

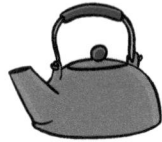

virdulys

чайник

garų puodas

пароварка

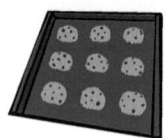

kepimo skarda

противень

porceliano indai

посуда

puodelis

кружка

dubuo

миска

valgomosios lazdelės

палочки для еды

samtis

половник

mentelė

лопатка

plaktuvas

сбивалка

koštuvas

сито

sietas

сито

trintuvė

тёрка

grūstuvė

ступка

kepsninė

гриль

atvira liepsna

костёр

pjaustymo lentelė

доска

kočėlas

скалка

kamščiatraukis

штопор

skardinė

жестяная банка

skardinių atidarytuvas

консервный нож

puodkėlė

прихватка

kriauklė

раковина

šepetys

щетка

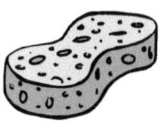

kempinė

губка

trintuvas

миксер

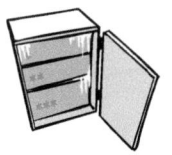

šaldiklis

морозильная камера

kūdikių buteliukas

бутылочка для кормления

čiaupas

кран

vonios kambarys

ванная комната

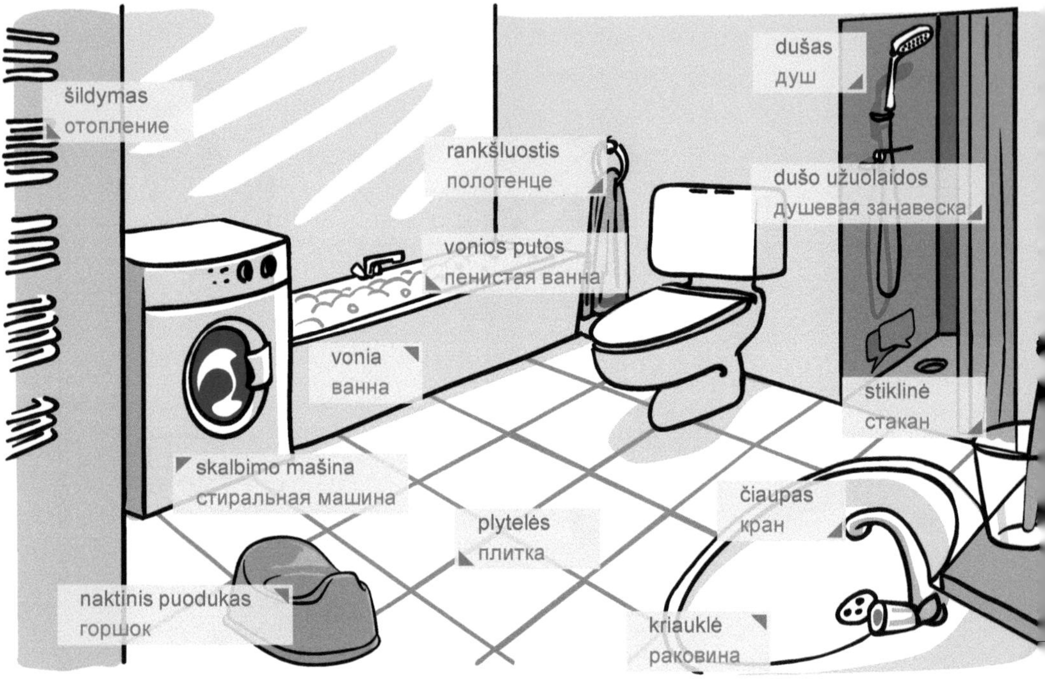
šildymas
отопление
rankšluostis
полотенце
dušas
душ
dušo užuolaidos
душевая занавеска
vonios putos
пенистая ванна
vonia
ванна
stiklinė
стакан
skalbimo mašina
стиральная машина
čiaupas
кран
plytelės
плитка
naktinis puodukas
горшок
kriauklė
раковина

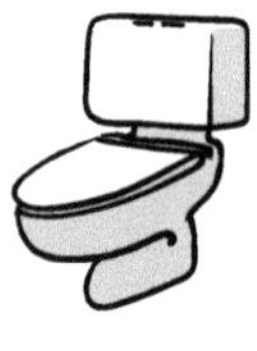

unitazas

туалет

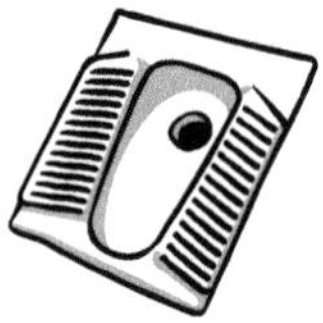

tupimasis unitazas

напольный унитаз

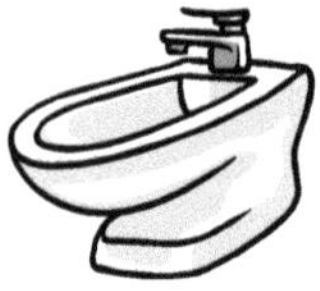

bidė

биде

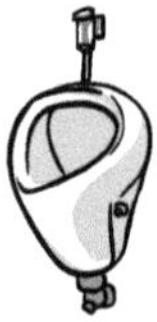

pisuaras

писсуар

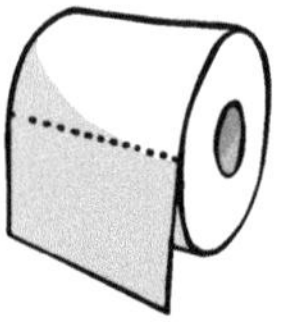

tualetinis popierius

туалетная бумага

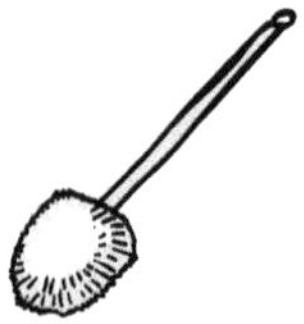

unitazo šepetys

ершик

dantų šepetėlis

зубная щетка

dantų pasta

зубная паста

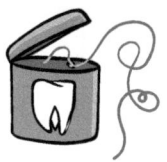

dantų siūlas

зубная нить

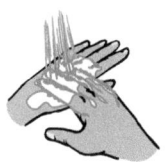

plauti

мыть

dušo galvutė

ручной душ

higieninis dušas

интимный душ

praustuvas

таз

nugaros plaušinė

щетка для спины

muilas

мыло

dušo želė

гель для душа

šampūnas

шампунь

plaušinė

мочалка

kanalizacija

сток

kremas

крем

dezodorantas

дезодорант

veidrodis

зеркало

veidrodėlis

ручное зеркало

skustuvas

бритва

skutimosi putos

пена для бритья

losjonas po skutimosi

лосьон после бритья

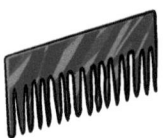

šukos

расческа

šepetys

щетка

plaukų džiovintuvas

фен

plaukų lakas

лак для волос

makiažas

косметика

lūpdažis

губная помада

nagų lakas

лак для ногтей

vata

вата

žirklutės nagams

маникюрные ножницы

kvepalai

духи

maišelis skalbiniams

косметичка

taburetė

табуретка

svarstyklės

весы

chalatas

халат

guminės pirštinės

резиновые перчатки

tamponas

тампон

higieninis įklotas

гигиеническая прокладка

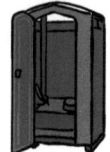

biotualetas

биотуалет

vaiko kambarys

детская комната

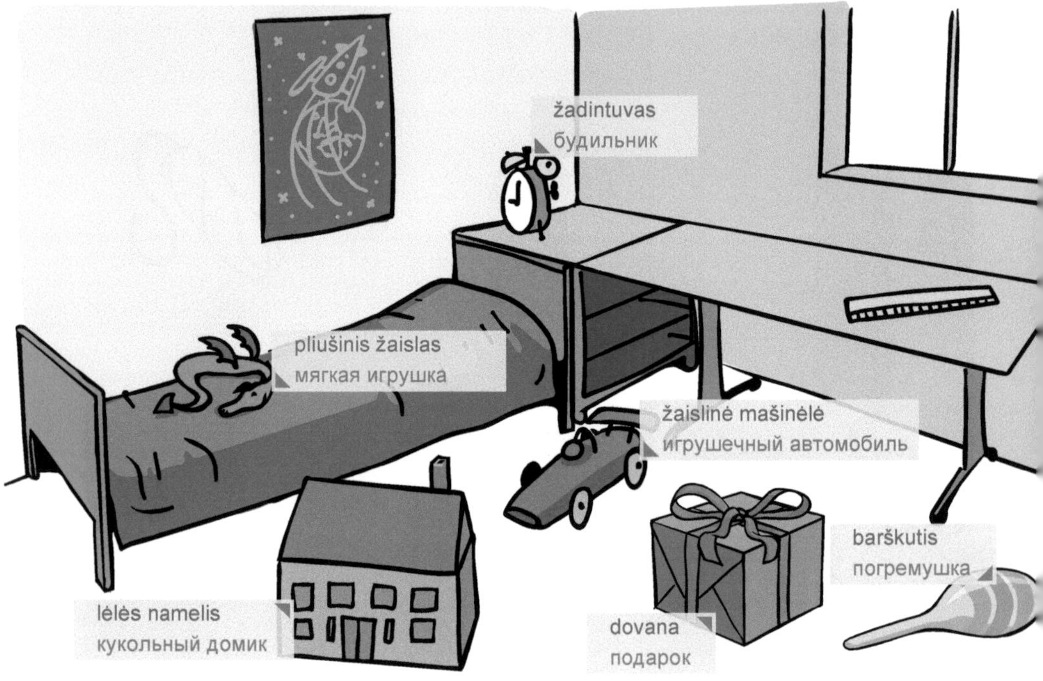
žadintuvas
будильник
pliušinis žaislas
мягкая игрушка
žaislinė mašinėlė
игрушечный автомобиль
barškutis
погремушка
lėlės namelis
кукольный домик
dovana
подарок

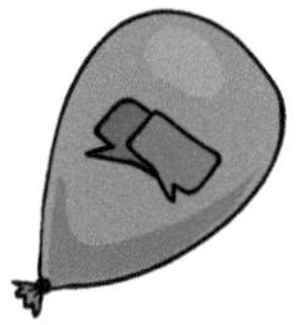

balionas

воздушный шар

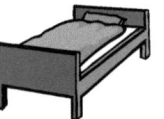

lova

кровать

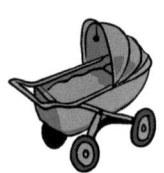

vaikiškas vežimėlis

детская коляска

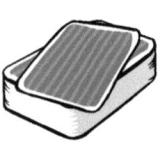

kortų malka

карточная игра

delionė

пазл

SUPER MEGA

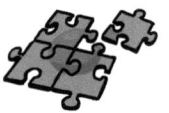

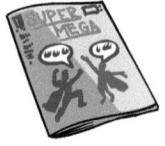

komiksai

комикс

lego kaladėlės

кирпичики Лего

žaislinės kaladėlės

кубики

figūrėlė

игрушечная фигурка

šliaužtinukai

ползунки

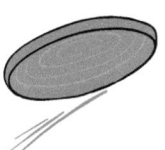

mėtymo lėkštė

фрисби

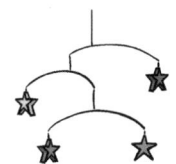

karuselė

мобиле

stalo žaidimas

настольная игра

kauliukai

кубик

žaislinis traukinys

модель железной дороги

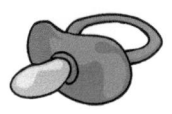

žindukas

соска

vakarėlis

вечеринка

paveiksliukų knygelė

книга с картинками

kamuolys

мяч

lėlė

кукла

žaisti

играть

smėlio dėžė

песочница

sūpynės

качели

žaislai

игрушка

žaidimų konsolė

игровая приставка

triratukas

трёхколесный велосипед

meškiukas

плюшевый медвежонок

drabužių spinta

шкаф для одежды

drabužis

одежда

kojinės

носки

kojinės virš kelių

чулки

pėdkelnės

колготки

šalikas
шарф

skėtis
зонтик

marškinėliai
футболка

diržas
ремень

ilgaauliai batai
сапоги

šlepetės
тапки

sportbačiai
кроссовки

sandalai
....
сандалии

batai
....
ботинки

guminiai batai
....
резиновые сапоги

trumpikės
....
трусы

liemenėlė
....
бюстгальтер

liemenė
....
майка

drabužis - одежда

45

glaustinukė
боди

kelnės
брюки

džinsai
джинсы

sijonas
юбка

palaidinė
блузка

marškiniai
рубашка

megztinis
свитер

megztinis su gobtuvu
свитер

švarkelis
спортивная куртка

švarkas
жакет

paltas
пальто

lietpaltis
плащ

kostiumas
костюм

suknelė
платье

vestuvinė suknelė
свадебное платье

kostiumas
мужской костюм

naktiniai marškiniai
ночная сорочка

pižama
пижама

saris
сари

skarelė
платок

tiurbanas
тюрбан

burka
паранджа

kaftanas
кафтан

abaja
абайя

maudymosi kostiumėlis
купальник

glaudės
плавки

šortai
шорты

sportinis kostiumas
спортивный костюм

prijuostė
фартук

pirštinės
перчатки

saga

пуговица

akiniai

очки

apyrankė

браслет

vėrinys

цепочка

žiedas

кольцо

auskaras

серьга

kepurė

шапка

pakabas

вешалка

skrybėlė

шляпа

kaklaraištis

галстук

užtrauktukas

застежка молния

šalmas

шлем

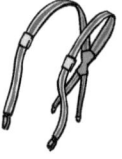

breketai

подтяжки

mokyklinė uniforma

школьная форма

uniforma

форма

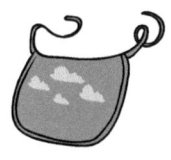

seilinukas

детский нагрудник

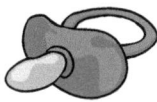

žindukas

соска

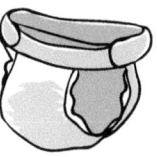

vystyklai

подгузник

biuras

офис

serveris
сервер
dokumentų spinta
канцелярский шкаф
spausdintuvas
принтер
popierius
бумага
vaizduoklis
монитор
pelė
мышь
rašomasis stalas
письменный стол
aplankas
папка
klaviatūra
клавиатура
šiukšliadėžė
корзина для бумаг
kompiuteris
компьютер
kėdė
стул

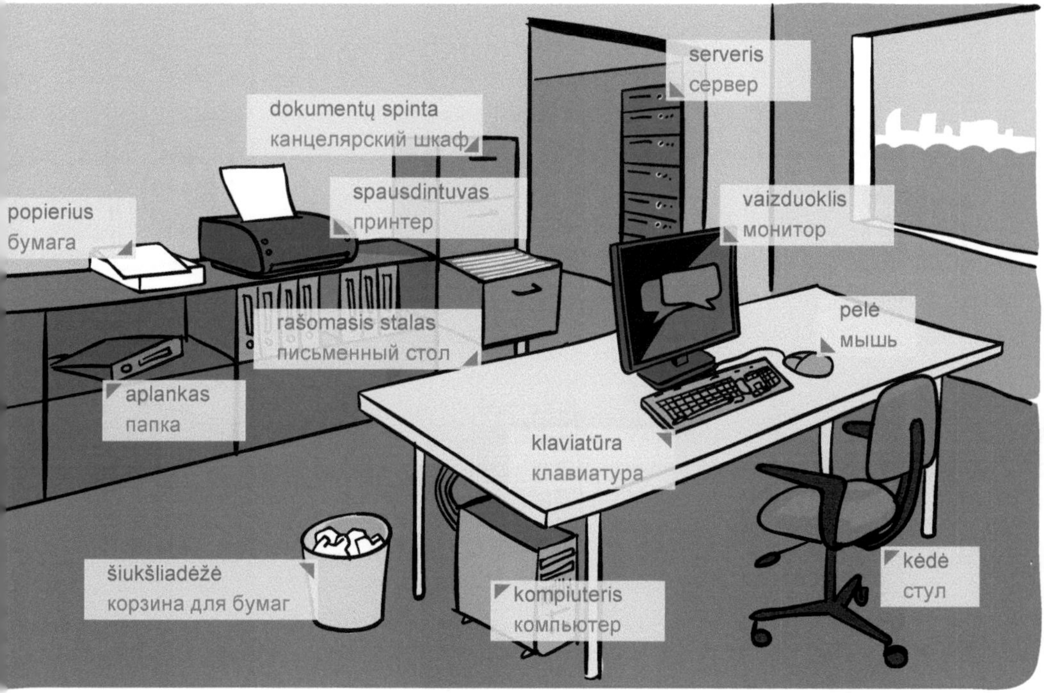

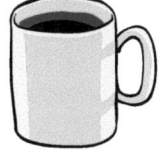

kavos puodelis

кофейная кружка

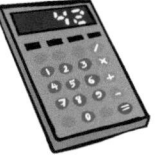

kalkuliatorius

калькулятор

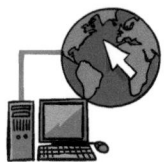

internetas

интернет

nešiojamasis kompiuteris

ноутбук

laiškas

письмо

žinutė

сообщение

mobilusis telefonas

мобильный телефон

tinklas

сеть

fotokopijavimo aparatas

ксерокс

programinė įranga

программа

telefonas

телефон

kištukinis lizdas

розетка

faksas

факс

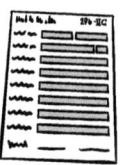

forma

формуляр

dokumentas

документ

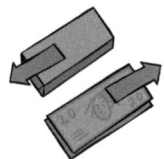

pirkti

покупать

mokėti

платить

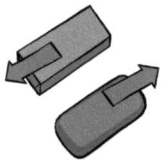

prekiauti

торговать

pinigai

деньги

doleris

доллар

euras

евро

jena

иена

rublis

рубль

Šveicarijos frankas

франк

juanis

жэньминьби юань

rupija

рупия

bankomatas

банкомат

valiutos keitykla

пункт обмена валюты

auksas

золото

sidabras

серебро

nafta

нефть

energija

энергия

kaina

цена

sutartis

договор

mokestis

налог

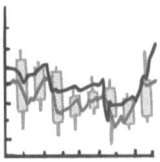

akcijos

акция

dirbti

работать

darbuotojas

служащий

darbdavys

работодатель

gamykla

фабрика

parduotuvė

магазин

profesijos
профессии

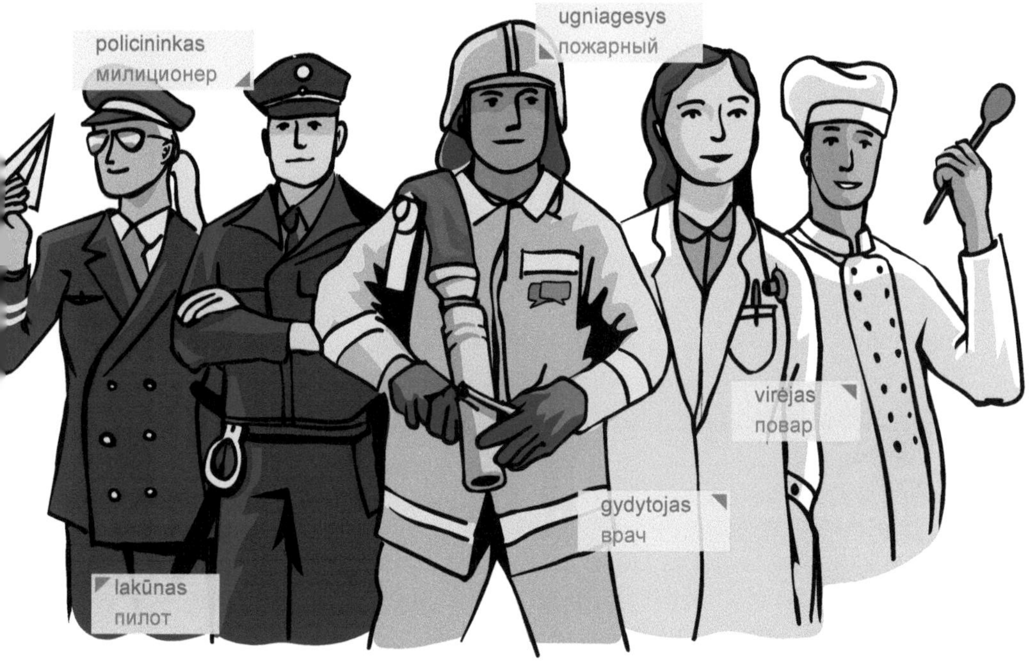

policininkas
милиционер
ugniagesys
пожарный
virėjas
повар
gydytojas
врач
lakūnas
пилот

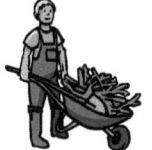

sodininkas

садовник

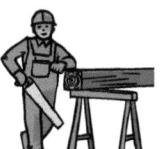

stalius

столяр

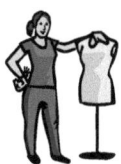

siuvėja

швея

teisėjas

судья

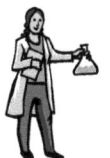

chemikas

химик

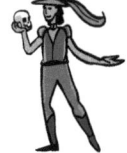

aktorius

актёр

autobuso vairuotojas

водитель автобуса

taksi vairuotojas

таксист

žvejys

рыбак

valytoja

уборщица

stogdengys

кровельщик

padavėjas

официант

medžiotojas

охотник

dailininkas

художник

kepėjas

пекарь

elektrikas

электрик

statybininkas

строитель

inžinierius

инженер

mėsininkas

мясник

santechnikas

сантехник

paštininkas

почтальон

kareivis

солдат

architektas

архитектор

kasininkas

кассир

gėlininkas

флорист

kirpėjas

парикмахер

konduktorius

кондуктор

mechanikas

механик

kapitonas

капитан

odontologas

зубной врач

mokslininkas

ученый

rabinas

раввин

imamas

имам

vienuolis

монах

kunigas

священник

įrankiai

инструменты

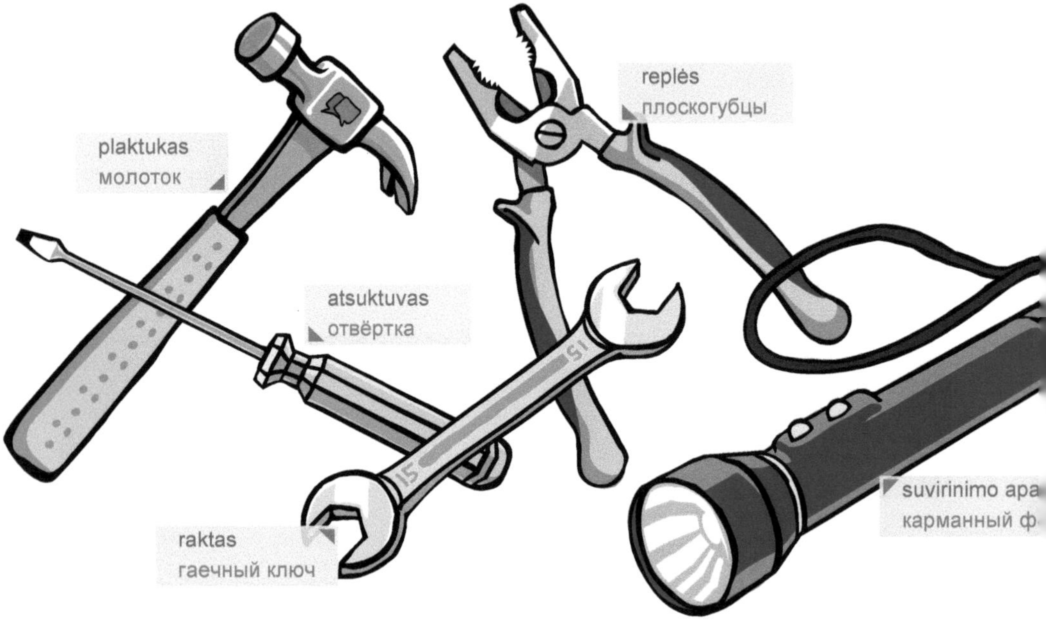

plaktukas
молоток
replės
плоскогубцы
atsuktuvas
отвёртка
raktas
гаечный ключ
suvirinimo apa
карманный ф

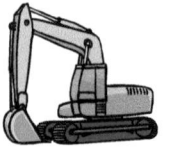

ekskavatorius

экскаватор

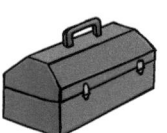

įrankių dėžė

ящик для инструментов

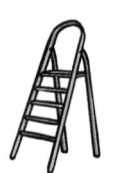

kopėčios

стремянка

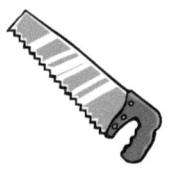

pjūklas

пила

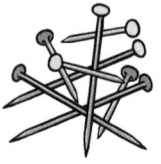

vinys

гвозди

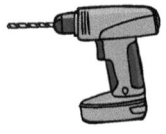

grąžtas

дрель

taisyti

ремонтировать

kastuvas

лопата

Velniava!

Блин!

semtuvėlis

совок

dažų skardinė

ведро с краской

varžtai

винты

muzikos instrumentai
музыкальные инструменты

garsiakalbis
громкоговоритель

būgnų rinkinys
ударный инструмент

gitara
гитара

kontrabosas
контрабас

trimitas
труба

pianinas

пианино

smuikas

скрипка

bosinė gitara

бас-гитара

timpanas

литавры

būgnai

барабан

sintezatorius

синтезатор

saksofonas

саксофон

fleita

флейта

mikrofonas

микрофон

jėjimas
вход

tigras
тигр

narvas
клетка

zebras
зебра

gyvūnų pašaras
корм

panda
панда

gyvūnai

животные

dramblys

слон

kengūra

кенгуру

raganosis

носорог

gorila

горилла

meška

медведь

kupranugaris

верблюд

strutis

страус

liūtas

лев

beždžionė

обезьяна

flamingas

фламинго

papūga

попугай

baltoji meška

белый медведь

pingvinas

пингвин

ryklys

акула

povas

павлин

gyvatė

змея

krokodilas

крокодил

zoologijos sodo prižiūrėtojas

служитель зоопарка

ruonis

тюлень

jaguaras

ягуар

ponis

пони

leopardas

леопард

begemotas

бегемот

žirafa

жираф

erelis

орёл

šernas

кабан

žuvis

рыба

vėžlys

черепаха

vėplys

морж

lapė

лиса

gazelė

газель

sportas
спорт

amerikietiškas futbolas
американский футбол

dviračių sportas
езда на велосипеде

tenisas
теннис

krepšinis
баскетбол

plaukimas
плавание

ledo ritulys
хоккей

boksas
бокс

futbolas
футбол

badmintonas
бадминтон

atletika
лёгкая атлетика

rankinis
гандбол

slidinėjimas
лыжный спорт

polas
поло

užsiėmimai

действия

juoktis
смеяться
šokinėti
прыгать
apkabinti
обнимать
vaikščioti
идти
dainuoti
петь
svajoti
мечтать
melstis
молиться
bučiuoti
целовать

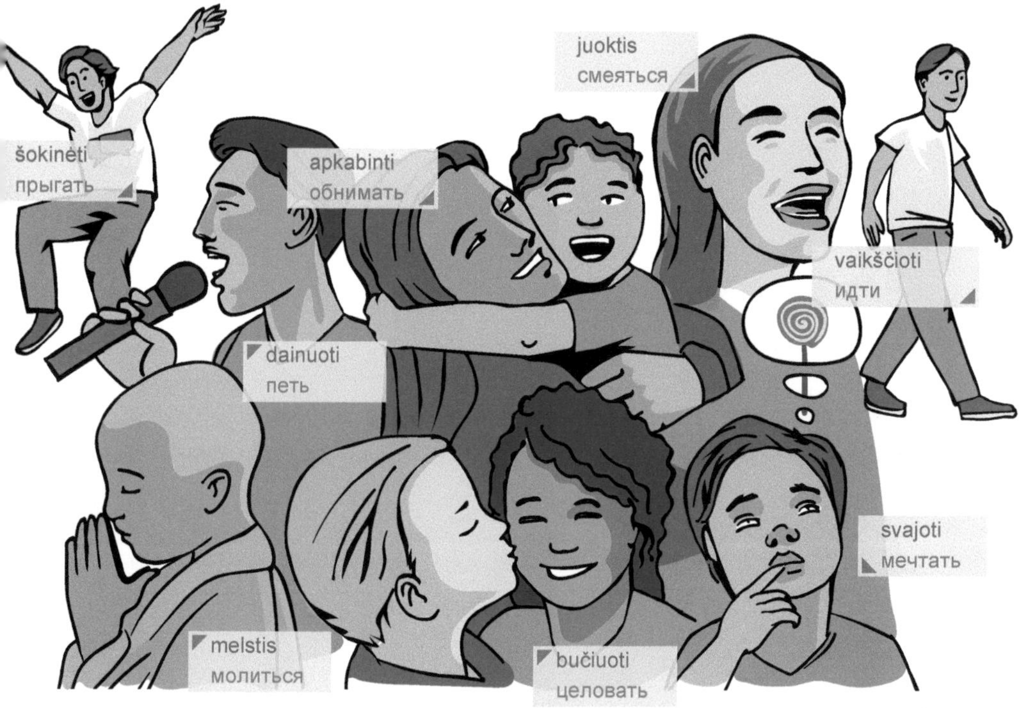

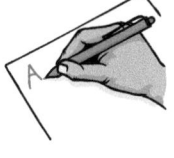

rašyti

писать

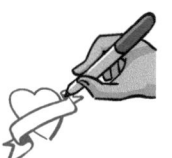

piešti

рисовать

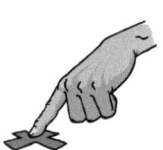

rodyti

показывать

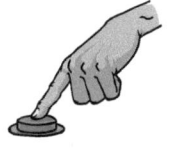

stumti

нажимать

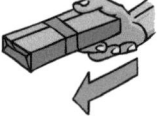

duoti

давать

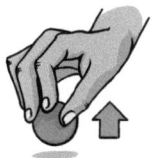

imti

брать

turėti

иметь

daryti

делать

būti

быть

stovėti

стоять

bėgti

бежать

traukti

тянуть

mesti

бросать

kristi

падать

meluoti

лежать

laukti

ждать

nešti

носить

sėdėti

сидеть

rengtis

надевать

miegoti

спать

pabusti

просыпаться

žiūrėti

рассматривать

verkti

плакать

glostyti

гладить

šukuoti

причесывать

kalbėti

говорить

suprasti

понимать

paklausti

спрашивать

klausytis

слушать

gerti

пить

valgyti

кушать

tvarkytis

наводить порядок

mylėti

любить

gaminti

готовить

vairuoti

ехать

skristi

летать

buriuoti

ходить под парусом

skaičiuoti

считать

skaityti

читать

mokytis

учиться

dirbti

работать

vesti

вступать в брак

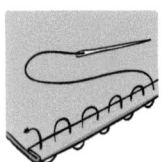

siūti

шить

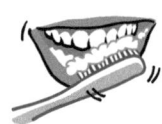

valytis dantis

чистить зубы

žudyti

убивать

rūkyti

курить

siųsti

отправлять

užsiėmimai - действия

senelė
бабушка

senelis
дедушка

tėvas
папа

motina
мама

kūdikis
младенец

dukra
дочь

sūnus
сын

svečias

гость

teta

тетя

dėdė

дядя

brolis

брат

sesuo

сестра

kūnas

тело

kakta
лоб
akis
глаз
veidas
лицо
smakras
подбородок
pirštas
палец
plaštaka
кисть
petys
плечо
krūtinė
грудь
ranka
рука
koja
нога

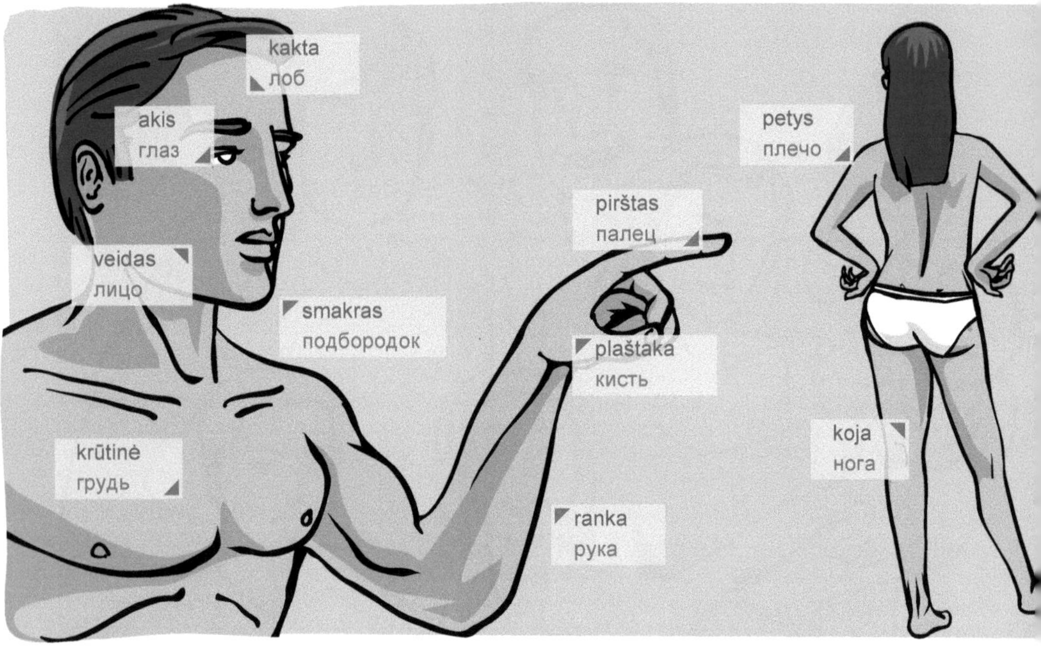

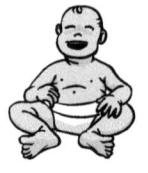

kūdikis

младенец

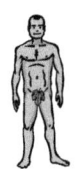

vyras

мужчина

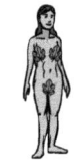

moteris

женщина

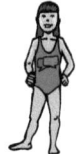

mergaitė

девочка

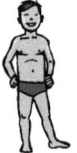

berniukas

мальчик

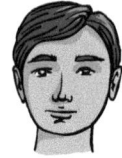

galva

голова

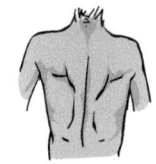

nugara

спина

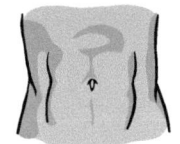

pilvas

живот

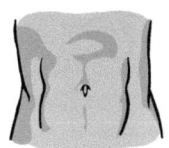

bamba

пупок

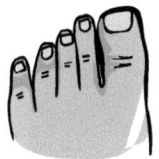

kojos pirštas

палец ноги

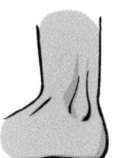

kulnas

пятка

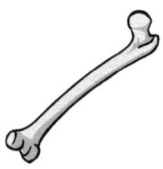

kaulas

кость

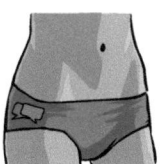

klubas

бедро

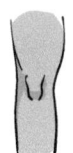

kelis

колено

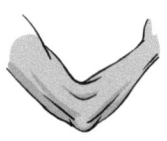

alkūnė

локоть

nosis

нос

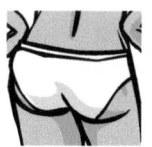

sėdmenys

ягодицы

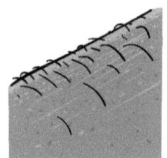

oda

кожа

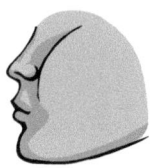

skruostas

щека

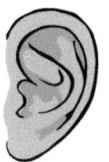

ausis

ухо

lūpa

губа

burna

рот

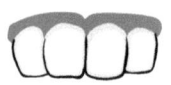

dantis

зуб

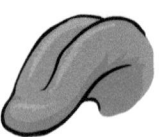

liežuvis

язык

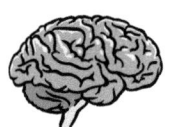

smegenys

мозг

širdis

сердце

raumuo

мышца

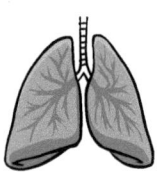

plaučiai

лёгкое

kepenys

печень

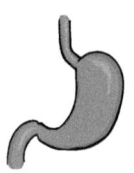

skrandis

желудок

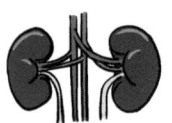

inkstai

почки

seksas

половой акт

prezervatyvas

презерватив

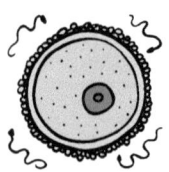

kiaušialąstė

яйцеклетка

sperma

сперма

nėštumas

беременность

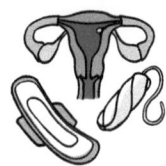

menstruacijos

менструация

makštis

вагина

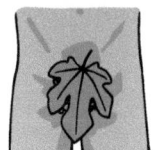

varpa

пенис

antakis

бровь

plaukai

волосы

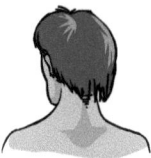

kaklas

шея

ligoninė

больница

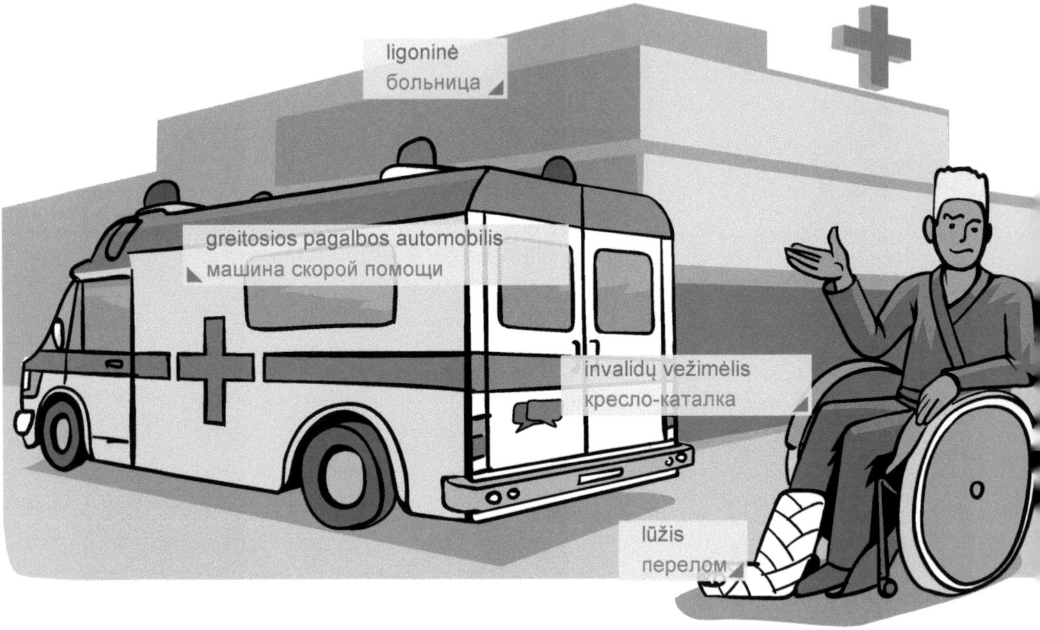
ligoninė
больница
greitosios pagalbos automobilis
машина скорой помощи
invalidų vežimėlis
кресло-каталка
lūžis
перелом

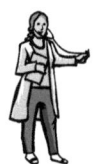

gydytojas

врач

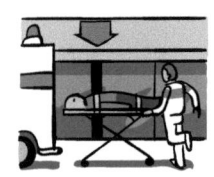

skubios pagalbos skyrius

пункт первой помощи

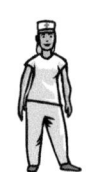

slaugytoja

медсестра

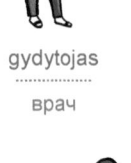

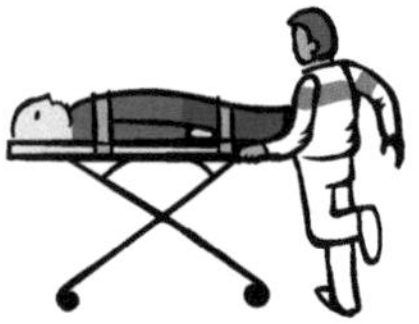

nelaimingas atsitikimas

неотложный случай

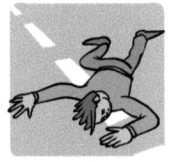

be sąmonės

без сознания

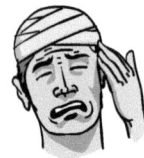

skausmas

боль

sužalojimas

повреждение

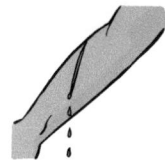

kraujavimas

кровотечение

širdies smūgis

инфаркт

insultas

инсульт

alergija

аллергия

kosulys

кашель

karščiavimas

вышенная температура

gripas

грипп

viduriavimas

понос

galvos skausmas

головная боль

vėžys

рак

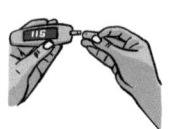

diabetas

диабет

chirurgas

хирург

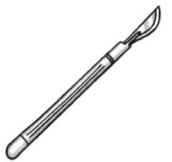

skalpelis

скальпель

operacija

операция

KT
KT

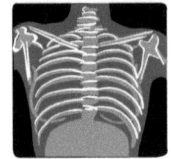

rentgenas
рентген

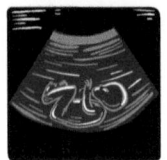

ultragarsas
ультразвук

veido kaukė
маска

liga
болезнь

laukiamasis
приёмная

ramentas
костыль

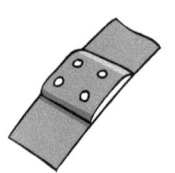

gipsas
пластырь

tvarstis
бинт

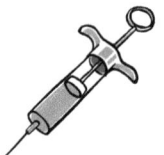

injekcija
укол

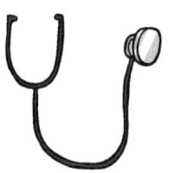

stetoskopas
стетоскоп

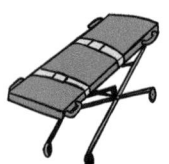

neštuvai
носилки

termometras
термометр

gimimas
рождение

antsvoris
избыточный вес

klausos aparatas

слуховой аппарат

dezinfekavimo priemonė

дезинфекционное
средство

infekcija

инфекция

virusas

вирус

ŽIV / AIDS

ВИЧ / СПИД

vaistas

лекарство

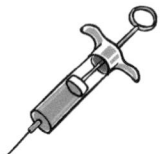

skiepijimas

прививка

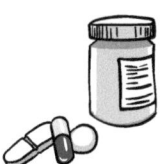

tabletės

таблетки

piliulė

противозачаточная
таблетка

xubios pagalbos numeris

экстренный вызов

kraujospūdžio matuoklis

прибор для измерения
кровяного давления

ligotas / sveikas

больной / здоровый

Padėkite!

Помогите!

pavojaus signalas

сигнал тревоги

užpuolimas

нападение

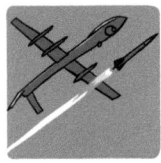

ataka

атака

pavojus

опасность

avarinis išėjimas

запасной выход

Gaisras!

Пожар!

gesintuvas

огнетушитель

nelaimingas atsitikimas

несчастный случай

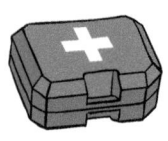

pirmosios pagalbos rinkinys

аптечка

SOS

SOS

policija

милиция

Europa

Европа

Šiaurės Amerika

Северная Америка

Pietų Amerika

Южная Америка

Afrika

Африка

Azija

Азия

Australija

Австралия

Atlanto vandenynas

Атлантический океан

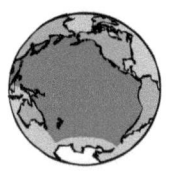

Ramusis vandenynas

Тихий океан

Indijos vandenynas

Индийский океан

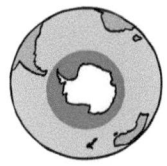

Pietų vandenynas

Антарктический океан

Arkties vandenynas

Северный Ледовитый океан

Šiaurės ašigalis

Северный полюс

Pietų ašigalis

Южный полюс

Antarktida

Антарктика

Žemė

земля

sausuma

суша

jūra

море

sala

остров

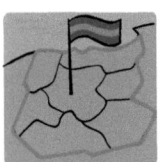

tauta

нация

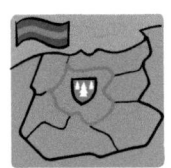

valstybė

государство

ciferblatas

циферблат

valandinė rodyklė

часовая стрелка

minutinė rodyklė

минутная стрелка

sekundinė rodyklė

секундная стрелка

Kiek valandų?

Который час?

diena

день

laikas

время

dabar

сейчас

skaitmeninis laikrodis

электронные часы

minutė

минута

valanda

час

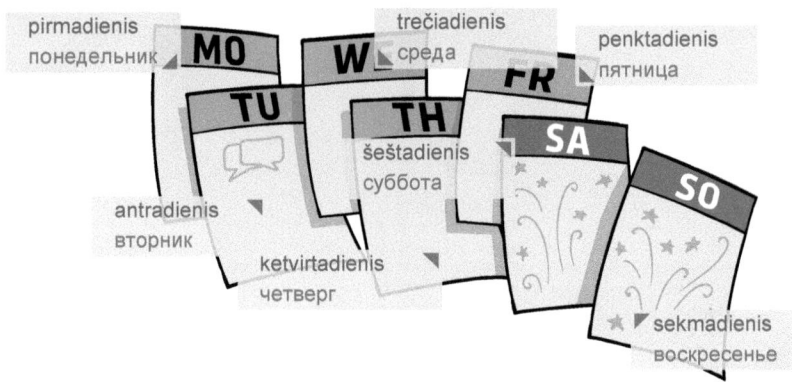

pirmadienis
понедельник

trečiadienis
среда

penktadienis
пятница

antradienis
вторник

šeštadienis
суббота

ketvirtadienis
четверг

sekmadienis
воскресенье

vakar

вчера

šiandien

сегодня

rytoj

завтра

rytas

утро

vidurdienis

полдень

vakaras

вечер

darbo dienos

рабочие дни

savaitgalis

выходные

metai

год

lietus
дождь
vaivorykštė
радуга
vėjas
ветер
sniegas
снег
pavasaris
весна
ruduo
осень
vasara
лето
žiema
зима

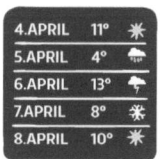

4.APRIL 11°
5.APRIL 4°
6.APRIL 13°
7.APRIL 8°
8.APRIL 10°

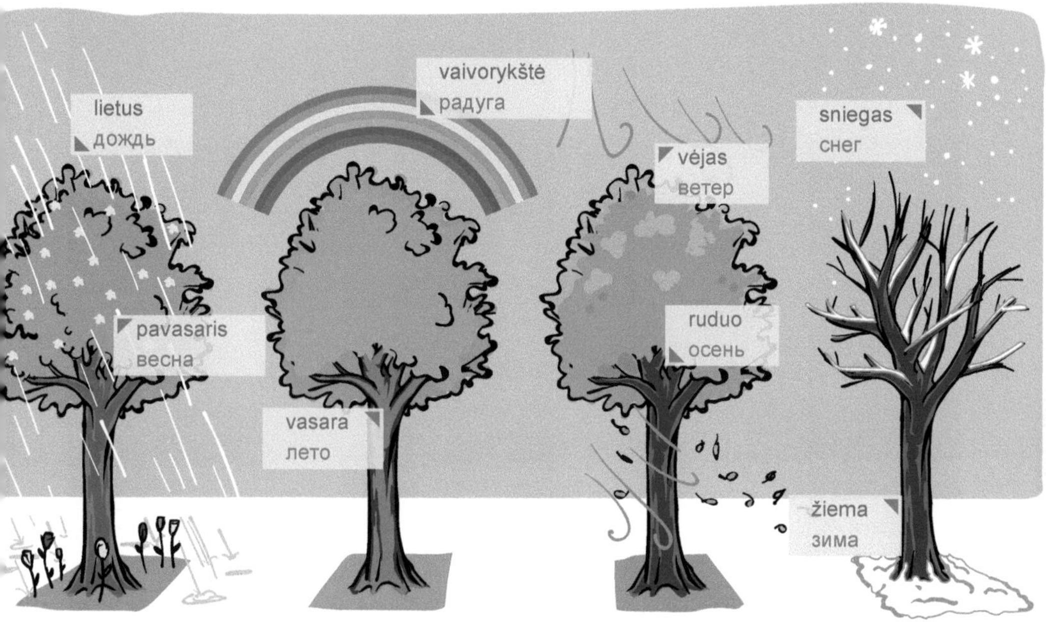

orų prognozė

прогноз погоды

F C
120 40
90 30
60 20
30 10
0 0
-30 -10
-20

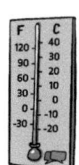

lauko termometras

термометр

saulės šviesa

солнечный свет

debesis

туча

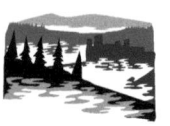

rūkas

туман

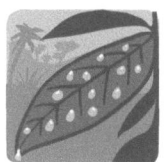

drėgmė

влажность воздуха

žaibas

молния

griaustinis

гром

audra

буря

kruša

град

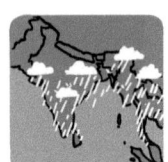

musonas

муссон

potvynis

наводнение

ledas

лёд

sausis

январь

vasaris

февраль

kovas

март

balandis

апрель

gegužė

май

birželis

июнь

liepa

июль

rugpjūtis

август

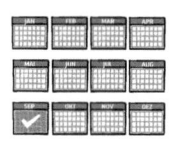

rugsėjis
....
сентябрь

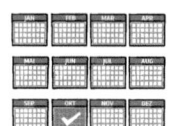

spalis
....
октябрь

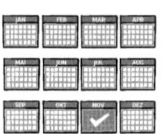

lapkritis
....
ноябрь

gruodis
....
декабрь

formos

формы

apskritimas
....
круг

kvadratas
....
квадрат

stačiakampis
....
прямоугольник

trikampis
....
треугольник

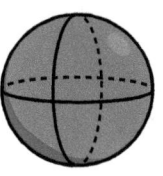

sfera
....
шар

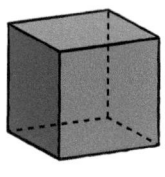

kubas
....
куб

balta

белый

geltona

желтый

oranžinė

оранжевый

rožinė

розовый

raudona

красный

violetinė

лиловый

mėlyna

синий

žalia

зелёный

ruda

коричневый

pilka

серый

juoda

черный

daug / mažai

много / мало

piktas / ramus

яростный / мирный

gražus / bjaurus

красивый / уродливый

pradžia / pabaiga

начало / конец

didelis / mažas

большой / маленький

šviesus / tamsus

светлый / темный

brolis / sesuo

брат / сестра

švarus / purvinas

чистый / грязный

užbaigtas / neužbaigtas

полный / неполный

diena / naktis

день / ночь

miręs / gyvas

мёртвый / живой

platus / siauras

широкий / узкий

valgomas / nevalgomas

съедобный / несъедобный

piktas / malonus

злой / дружелюбный

linksmas / nuobodus

взволнованный /
скучающий

storas / plonas

толстый / худой

pirmiausia / paskiausia

сначала / в конце

draugas / priešas

друг / враг

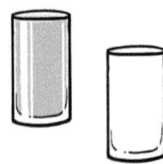

pilnas / tuščias

полный / пустой

kietas / minkštas

твёрдый / мягкий

sunkus / lengvas

тяжёлый / легкий

alkis / troškulys

голод / жажда

ligotas / sveikas

больной / здоровый

nelegalus / legalus

незаконный / законный

protingas / kvailas

умный / глупый

kairė / dešinė

слева / справа

arti / toli

близко / далеко

naujas / naudotas

новый / подержанный

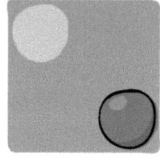

niekas / kažkas

ничто / нечто

senas / jaunas

старый / молодой

įjungta / išjungta

включено / выключено

atidaryta / uždaryta

открыто / закрыто

tylus / garsus

тихо / громко

turtingas / vargšas

богатый / бедный

teisus / neteisus

правильный /
неправильный

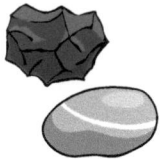

šiurkštus / švelnus

шероховатый / гладкий

liūdnas / laimingas

печальный / счастливый

trumpas / ilgas

короткий / длинный

lėtas / greitas

медленный / быстрый

drėgnas / sausas

мокрый / сухой

šiltas / šaltas

тёплый / прохладный

karas / taika

война / мир

0

nulis

ноль

1

vienas

один

2

du

два

3

trys

три

4

keturi

четыре

5

penki

пять

6

šeši

шесть

7

septyni

семь

8

aštuoni

восемь

9

devyni

девять

10

dešimt

десять

11

vienuolika

одиннадцать

12

dvylika

двенадцать

13

trylika

тринадцать

14

keturiolika

четырнадцать

15

penkiolika

пятнадцать

16

šešiolika

шестнадцать

17

septyniolika

семнадцать

18

aštuoniolika

восемнадцать

19

devyniolika

девятнадцать

20

dvidešimt

двадцать

100

šimtas

сто

1.000

tūkstantis

тысяча

1.000.000

milijonas

миллион

anglų

английский

amerikiečių anglų

американский английский

kinų (mandarinų)

мандаринский китайский

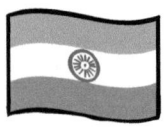

hindi

хинди

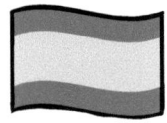

ispanų

испанский

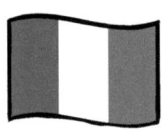

prancūzų

французский

arabų

арабский

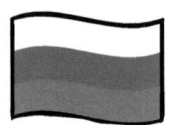

rusų

русский

portugalų

португальский

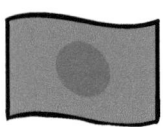

bengalų

бенгальский

vokiečių

немецкий

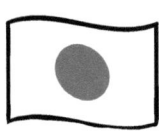

japonų

японский

aš

я

tu

ты

jis / ji

он / она / оно

mes

мы

jūs

вы

jie

они

kas?

кто?

ką?

что?

kaip?

как?

kur?

где?

kada?

когда?

vardas

имя

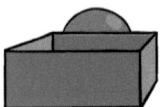

už
....
за

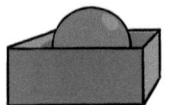

kur (vieta)
....
в

priešais
....
перед

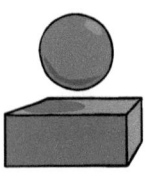

virš
....
над

ant
....
на

po
....
под

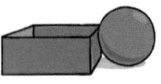

prie
....
рядом

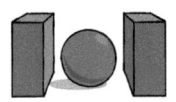

tarp
....
между

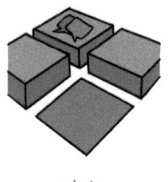

vieta
....
место